3

11

13

17

19

25